In loving memory of

_____

_____

_____

Name	Comment

NAME   COMMENT

NAME   COMMENT

Name	Comment

NAME   COMMENT

NAME COMMENT

NAME   COMMENT

Name	Comment

NAME   COMMENT

Name	Comment

NAME   COMMENT

NAME   COMMENT

Name	Comment

Name	Comment

NAME   COMMENT

NAME   COMMENT

Name	Comment

NAME

COMMENT

NAME

COMMENT

NAME   COMMENT

Name	Comment

NAME   COMMENT

Name	Comment

Name	Comment

NAME   COMMENT

NAME   COMMENT

Name

Comment

NAME

COMMENT

Name	Comment

NAME   COMMENT

Name	Comment

NAME COMMENT

Name	Comment

Name	Comment

NAME COMMENT

NAME   COMMENT

NAME   COMMENT

NAME   COMMENT

NAME COMMENT

Name	Comment

NAME   COMMENT

Name	Comment

NAME   COMMENT

NAME   COMMENT

NAME   **COMMENT**

Name	Comment

NAME   COMMENT

Name	Comment

Name	Comment

Name	Comment

NAME COMMENT

NAME   COMMENT

Name	Comment

NAME   COMMENT

www.ingramcontent.com/pod-product-compliance
Lightning Source LLC
Chambersburg PA
CBHW041608260326
41914CB00012B/1421